AF284716

Birgit Pauls

Tönning 2019
Taschenkalender

Bibliografische Information der Deutschen Nationalbibliothek: Die Deutsche Nationalbibliothek
verzeichnet diese Publikation in der Deutschen Na-
tionalbibliografie; detaillierte bibliografische Daten
sind im Internet über www.dnb.de abrufbar.

ISBN 978-3-7528-6825-8

Herstellung und Verlag:
BoD – Books on Demand, Norderstedt

Covergestaltung:
Birgit Pauls mit BOD Easy Cover

Foto: Birgit Pauls

Tönning

Kalender für das Jahr 2019

Januar

Fiete Isbüddel

Friedrich Eisbeutel – das ist der Spitzname eines berühmten Arztes aus Tönning.

Wie kam Friedrich von Esmarch zu diesem Namen? Er wurde in Tönning geboren und studierte dann in Kiel Medizin.

Eine seiner Erfindungen ist in jedem Verbandskasten zu finden – das Dreieckstuch. Die zweite seiner Erfindungen ist bei Sportveranstaltungen meist auch dabei: Der Eisbeutel, heute meist aber in Form des modernen Kühlpacks.

Auch die Beinschiene statt als Idee von ihm.

Außerdem war einer der Gründer des Samariter-Vereins.

Als ein Denkmal für Esmarch in Tönning aufgestellt wurde, lebte er noch. Er war bei der Enthüllung des Denkmals dabei.

So finden sie mit ihm verbunden Orte:

Das Geburtshaus von Esmarch das Haus Neustadt 39. Es ist ein Privathaus, kann nicht von innen besichtigt werden.

Das Denkmal steht am Haupteingang des Schlossparks gegenüber der Westerstraße.

Januar

31 Mo Silvester

1 Di Neujahr

2 Mi

Waldmännchentag

3 Do

Perihel: Erde ist am sonnennächsten Punkt

Fr **4**

Welttag der Brailleschrift

Sa **5**

Dänischer Staatsbankrott 1813

Heilige drei Könige ● So **6**

Der erste Rollschuh wird patentiert (1863)

Notizen

7 Mo Weihnachten (julianischer Kalender)

Erstes transatlantisches Telefonat (1927)

8 Di

Die Lochkarte wird patentiert (1889)

9 Mi

*Friedrich von Esmarch (1823)

10 Do

Tag der Blockflöte

Fr **11**

* Johann Friedrich Alberti (1642), Organist

Sa **12**

Gründungstag der Kommune I in Berlin (1967)

So **13**

Produktion der ersten Frisbees (1957)

Notizen

14 Mo

Fließbandfertigung von Fords Tin Lizzie (1914)

15 Di

Die Meuterer der Bounty erreichen Pitcairn (1790)

16 Mi erste grote Mandränke

17 Do

Tag der italienischen Küche

Fr **18**

Welttag des Schneemanns

Sa **19**

Tag des deutschen Schlagers

So **20**

Weltreligionstag

Notizen

Januar

21 Mo ⭕

Weltkuscheltag

22 Di

Deutsch-Französicher Tag

23 Mi

Tag der Handballer

24 Do

Beginn Kalifornischer Goldrausch (1848)

Fr **25**

* Adolf I, Erbauer des Tönninger Schlosses

Sa **26**

Tag der Zöllner

So **27**

Welt-Lepra-Tag

Notizen

Januar

28 Mo

Europäischer Datenschutztag

29 Di

Erste Frau auf dem hawaiianischen Thron (1891)

30 Mi

Tanganjika-Lachepidemie (1962)

31 Do

*Mellitta Bentz, Erfinderin des Kaffeefilters

Fr **1**

Das erste Dampfschiff wird patentiert (1788)

Sa **2**

Welttag der Feuchtgebiete

So **3**

Februarflut (Halligflut) 1825

Notizen

Februar
Sturmfluten

Vielen Tönningern ist der 16. Februar 1962 noch im Gedächtnis, als eine schwere Sturmflut den bis dahin höchsten Wasserstand im Hafen erreichte. Man fürchtete, dass die Deiche brechen würden, doch Tönning hatte Glück: Kein Mensch kam zu Schaden, während in Hamburg über 200 Menschen ertranken.

Die Nordfriesische Küste und auch Tönning wurden immer wieder von schweren Sturmfluten heimgesucht.

Eine gut überlieferte schwere Sturmflut gab es bereits im Zeitraum vom 15. bis 17. Januar 1362. Weil so viele Menschen dabei starben, erhielt sie zusätzlich zum Namen Zweite Marcellusflut (dieser Name bezeichnet den Tag, an dem sie stattfand) den Namen erste grote Mandränke. Große Teile der nordfriesischen Utlande, damals Marschland, wo sich heute das Wattenmeer befindet, gingen unter. Auch die sagenhafte Stadt Rungholt versank im Meer. Spätere Forschungen erhaben, dass Rungholt zwar ein blühender Handelsort war, aber längst nicht so reich, wie in der Sage beschrieben.

Weitere schwere Sturmfluten waren die die Allerheiligenflut am 1. November 1436 sowie am 1. Und 2. November 1582, bei der in Nordfriesland viele Menschen starben.

Weit über 10.000 Todesopfer forderte die zweite grote Mandränke (Burchardiflut) am 11. Oktober 1634. Bei dieser Flut zerbrach die alte Insel Strand in die heutigen Teile Nordstrand, Pellworm und Nordstrandischmoor.

16

In Tönning wurden durch diese Flut 15 Gebäude zerstört und 34 Menschen getötet.

Auch die Weihnachtsflut 1717 am 24. und 25. Dezember richtete verheerende Schäden an und forderte viele Menschenleben.

Die erste Januarflut am 3. Und 4. Januar, die bis heute höchste Sturmflut an der deutschen Nordseeküste erreichte Tönning nicht mehr, weil zwischenzeitlich das Eidersperrwerk in Betrieb genommen wurde.

Sturmflutmarken, die zeigen, wie hoch das Wasser im Tönninger Hafen stand, gibt es an verschiedenen Stellen am Hafen an den Häusern angebracht. Schauen sie sich die Pegelstände gern einmal an.

Februar

4 Mo ●

Weltkrebstag

---

5 Di

Safer-Internet-Tag

---

6 Mi

Tasman entdeckt die Fidschi-Inseln (1643)

---

7 Do

Beginn der deutschen Hochseefischerei (1885)

Fr **8**

* Jules Verne (1828)

Sa **9**

Erfindung der Sprühdose (1926)

So **10**

Tag der Kinderhospizarbeit

Notizen

11 Mo

Europäischer Tag des Notrufs 112

12 Di

Internationaler Darwin-Tag

13 Mi

Welttag des Radios

14 Do Valentinstag

Februar

Fr **15**
Geburtstag von YouTube (2005)

Sa **16**
Sturmflut 1962

○ So **17**
VW Käfer wird meistverkauftes Auto (1972)

Notizen

Februar

18 Mo

Ende der Schneekatastrophe 1978/1979

19 Di

Erste Wettervorhersage mit Wetterkarte (1855)

20 Mi

Tag der sozialen Gerechtigkeit

21 Do Bikebrennen

Internationaler Tag der Muttersprache

1700: Beginn 1. Belagerung Tönning Fr **22**

Thinking-Day (Pfadfinder)

Sa **23**

Dieselmotor wird patentiert (1893)

So **24**

Mädchen von Egtved wird entdeckt (1921)

Notizen

Februar

25 Mo

* Karl May (1842)

26 Di

* Buffalo Bill (1846)

27 Mi

Tag der Eisbären

28 Do Weiberfastnacht

Tag der seltenen Erkrankungen

Meteorologischer Frühlingsanfang Fr **1**

Zero Diskrimination Day

Sa **2**

Gründung des Vereins zur Menschenrettung
auf See in Emden (1861)

So **3**

Tag des Artenschutzes

Notizen

Eidersperrwerk

Nach schweren Sturmfluten von 1953 (Niederlande und England) und 1962 überlegte man, wie man den Küstenschutz weiter vorantreiben könne. Viele Deiche entlang der Nordseeküste wurden erhöht.

Bei der Eider entschied man sich dafür, ein Sperrwerk zu bauen, statt über 50 km Deichlinie zu verstärken.

Das Eidersperrwerk wurde in der Zeit von 1967 bis 1973 gebaut und am 20. März 1973 eingeweiht. Mit dem zugehörigen Deich ist es knapp 5 km lang.

Durch den Bau des Eidersperrwerks entstand auch das Naturschutzgebiet Katinger Watt. Ursprünglich war dies eine bei Flut überspülte Wattfläche, mit einer kleinen Insel darin. Die ursprüngliche „Grüne Insel" ist dort, wo heute der Aussichtsturm steht.

Große Auswirkungen hatte die Fertigstellung des Eidersperrwerks auf den Tönninger Fischereihafen: Am Sperrwerk wurde auch ein Hafen gebaut. Da der Weg zu den Fangebieten vom dort deutlich kürzer ist, als vom Tönninger Hafen, verlegten die meisten Fischer ihre Kutter dorthin.

Platz für Notizen

März

4 Mo Rosenmontag

* Heinrich der Seefahrer (1394)

5 Di

Schleswig-Holstein wird dänisch (1460)

6 Mi ● Aschermittwoch

Europäischer Tag der Logopädie

7 Do

Tag der gesunden Ernährung

Internationaler Frauentag Fr **8**

Sa **9**

Tag der offenen Töpferei

So **10**

Tag der offenen Töpferei

Notizen

März

11 Mo

Beginn des Fahnenmastkrieges (1845)

12 Di

Coca Cola wird in Flaschen verkauft (1894)

13 Mi

Entdeckung des Planeten Uranus (1781)

14 Do π-Tag (Pi-Tag)

Weltnierentag

Fr **15**

Weltschlaftag

Sa **16**

Wilhelm I spendiert Geld für den Bau des NOK

So **17**

Welttag der Invaliden

Notizen

18 Mo

Gründung des deutschen Ruderverbands (1883)

19 Di

Eröffnung der Sydney Harbour Bridge (1932)

20 Mi Frühlingsanfang

Weltglückstag, Einweihung Eidersperrwerk

21 Do ⭕

Internationaler Tag des Puppenspiels

Fr 22

Weltwassertag

Sa 23

Welttag der Meteorologie (Weltwettertag)

So 24

Welttuberkulosetag

Notizen

März

25 Mo

EWG Vertrag wird unterzeichnet (1957)

26 Di

Computervirus Mellissa (1999)

27 Mi

Document Freedom Day

28 Do

* Lady Gaga (1986)

Fr **29**

Tagesschau und heute nun in Farbe (1970)

Sa **30**

Earth Hour

Beginn der Sommerzeit So **31**

World Backup Day

Notizen

April

Festungs- und Kreisstadt

1187 wurde Tönning erstmals urkundlich erwähnt. Die Kirche war bereits 1186 in Bau.

Eigentlich war Tönning auf dem Landweg sehr schwer zu erreichen, den sobald es etwss regnete wurden die Kleiwege für Pferd und Gespanne schnell unpassierbar. In dieser Zeit war Tönning eigentlich nur über den Fluss gut zu erreichen.

Diese abgeschiedene Lage gefiel dem Herzog Adolf von Schleswig-Holstein-Gottorf. Schleswig, der Hauptsitz der Familie war über den Heerweg für Kriegsvolk gut zu erreichen. Der Herzog suchte einen schwer erreichbaren Ort, an dem er seine Familie zu Kriegszeiten sicher unterbringen konnte. Seine Wahl fiel auf Tönning. Als Wohnsitz ließ er das Tönninger Schloss bauen, die Bauzeit war von 1580 bis 1583. 1590 erhielt Tönning das Stadtrecht.

Tönning wurde Gerichtsort und auch die Eiderstedter Landesversammlung tagte hier.

Zu dieser Zeit war Tönning dänisch, die Eider war über viele Jahrhunderte Grenze zwischen Dänemark und dem Heiligen Römischen Reich.

Der Gottorfer Herzog Friedrich III baute Tönning dann 1644 zur Festung aus. Im Großen Nordischen Krieg wurde Tönning in den Jahren 1700 und 1713 zweimal belagert. Ungeschickterweise hatte sich der Gottorfer mit den Schweden gegen die Dänen verbündet. Nach dem Sieg über die Schweden 1714 ließ der Dänische König die Festung schleifen. Das Schloss wurde 1735 vom Dänischen König Friedrich V. abgerissen.

Nach dem Deutsch-Dänischen-Krieg kam Tönning zu Preußen. Der Kreis Eiderstedt wurde gegründet und Tönning wurde Kreisstadt. Bei der schleswig-holsteinischen Gebietsreform wurden vier Kreise zum heutigen Kreis Nordfriesland zusammengelegt. Der Kreis Eiderstedt wurde am 26.April 1970 aufgelöst.

So finden sie die damit verbunden Orte:

Der Schlosspark existiert heute noch. Am Standort des ehemaligen Schlosses (Abschrift: Schlossgarten 1) wurde das Kreisgebäude gebaut. Nach Auszug des Kreises dientet es einige Zeit als Berufsschule für Drogisten. Seit der Gründung des Nationalparks Schleswig-Holsteinisches Wattenmeer 1985 befindet sich das Nationalparkamt in dem Gebäude.

Außerdem ist die Polizeistation in dem Gebäude untergebracht.

April

1 Mo

Erstes Telefonnetz in Deutschland (1881)

2 Di

Internationaler Kinderbuchtag

3 Mi

Der Pony-Express startet (1860)

4 Do

Weltschlagzeugertag

Fr **5**

Gründung der Seefahrtschule Lübeck (1808)

Sa **6**

Welt-Olympiatag

So **7**

Weltgesundheitstag

Notizen

April

8 Mo

Internationaler Tag der Roma

9 Di

Stromdiebstahl wird strafbar (1900)

10 Mi

Tag der Geschwister

11 Do

Welt-Parkinson-Tag

Fr **12**

Internationaler Tag der bemannten Raumfahrt

Sa **13**

Hatschepsut wird Pharaonin (1479 v.Chr.)

So **14**

† Emmy Noether, Mathematikerin (1935)

Notizen

April

15 Mo

Untergang der Titanic (1912)

16 Di

Schlacht bei Culloden, Ende der Clans (1746)

17 Mi ⭕

Erste Meldung über Heise Online (1996)

18 Do Gründonnerstag

Weltamateurfunktag

April

Karfreitag Fr **19**

† Pierre Curie (1906)

Sa **20**

Internationaler Kiffertag

Ostersonntag So **21**

Kindergarten-Tag

Notizen

April

22 Mo Ostermontag

Tag der Erde

23 Di

Welttag des Buches und des Urheberrechts

24 Mi

Internationaler Tag des Baumes

25 Do

Welt-Pinguin-Tag

April

Auflösung des Kreises Eiderstedt Fr **26**

Welttag des geistigen Eigentums

Sa **27**

Welt-Grafiker-Tag

So **28**

Workers' Memorial Day

Notizen

Mai

Wasser- und Schifffahrtsamt

Tönning ist auch Sitz einer Bundesbehörde, des Wasser- und Schifffahrtsamtes (WSA).

Am 1. Mai 1882 wurde es als Wasserbauinspektion Tönning gegründet.

Das Amt war zuständig für die Unterhaltung der Eider von der Hohner Fähre bis zur Außeneider und das Tonnen- und Barkenwesen vor Eiderstedt und vor Dithmarschen.

Heute ist das WSA zuständig für die Nordseeküste (einschließlich Helgoland) im Bereich von der dänischen Grenze bis zur Elbmündung sowie die Eider von Rendsburg bis zur Mündung.

Auf dem Tonnenhof in Tönning findet die Wartung und Instandsetzung der zugehörigen Anlagen statt.

Leuchtturmwärter gibt es an der Westküste nicht mehr. Alle Leuchtfeuer werden zentral als Tönning gesteuert.

Mitarbeiter des WSA befinden sich außer in Tönning z.B. auf Helgoland, dem Eidersperrwerk, den Schleusen Neufeld und Lexfähre, auf Amrum, in Friedrichstadt und Büsum sowie auf Dienstfahrzeigen wie

- Tonnenleger "Triton"
- Peilschiff "Uwe Jens Lornsen"
- Seezeichenmotorschiff "Wulf Isebrand"
- Motorschiff "Kaspar Hoyer"

46

So finden sie die damit verbunden Orte:

Dienstgebäude und Tonnenhof finden sie am Hafen.

Hab und an liegen auch Wasserfahrzeuge des WSA an der Eiderkaje.

Ansonsten: Bereisen Sie die Insel- und Halligwelt mit dem Schiffe, dann sehen sie Tonnen und Leuchttürme, die vom WSA betreut werden.

Mai

29 Mo

Welttag des Tanzes

30 Di

Internationaler Tag des Jazz

1 Mi Maifeiertag

Gründung der Wasserbauinspektion Tönning

2 Do

Remembrance & Resistance Tag

Fr **3**

Internationaler Tag der Pressefreiheit

Sa **4**

Star-Wars-Tag

● So **5**

Internationaler Hebammentag

Notizen

Mai

6 Mo

Internationaler Anti-Diät-Tag

7 Di

Welt-Asthma-Tag

8 Mi

Tag der Befreiung

9 Do

Europatag

Mai

Fr **10**

Tag des Buches

Sa **11**

† Bob Marley (1981)

So **12**

Internationaler Tag der Pflege

Notizen

13Mo

Internationaler Tag des Cocktails

14 Di

Erste Schutzimpfung gegen Pocken (1796)

15 Mi

Internationaler Tag des Cocktails

16 Do

Internationaler Tag des Lichts

Fr **17**

Weltfernmeldetag

 Sa **18**

Eleonore von Aquitanien heiratet heimlich den
späteren englischen König Heinrich II (1152)

So **19**

Welt-CED-Tag

Notizen

Mai

20 Mo

Weltbienentag

21 Di

Welttag für kulturelle Entwicklung

22 Mi

Tag der biologischen Vielfalt

23 Do

Tag des Grundgesetzes

Fr **24**

Tag der Parks

Sa **25**

Tag der Nachbarschaft

So **26**

Kasper Hauser erscheint in Nürnberg (1828)

Notizen

Mai

27 Mo

Grunsteinlegung für St. Petersburg (1703)

28 Di

Internationaler Weltspieltag

29 Mi

Gründung der Deutschen Gesellschaft zur Rettung Schiffbrüchiger (DGzRS) (1865)

30 Do Christi Himmelfahrt

Gründung der ESA (1975)

31 Fr

Weltnichtrauchertag

Meteorologischer Sommeranfang Sa **1**

Weltmilchtag

So **2**

Internationaler Hurentag

Notizen

Juni

Fisch und Eiergrog

Jürgen Gosch – damit verbinden fast alle Menschen Sylt und Fisch.

Allerdings ist Jürgen Gosch gebürtiger Tönninger, dort aufgewachsen und zur Schule gegangen. Anschließend wurde er Maurer, hatte irgendwann bei einem Bauprojekt auf Sylt zu tun.

Dort kam ihm die Geschäftsidee: 1967 begann er als Aalverkäufer an den Sylter Stränden. Am Lister Hafen begann er dann 1972 mit einem festen Verkaufsstand, aus dem sich dann ein großes Markenunternehmen entwickelte. Inzwischen gibt es GOSCH Restaurants in vielen Städten Deutschlands und auch auf den Kreuzfahrtschiffen Mein Schiff und Mein Schiff 4.

Die älteste Schankwirtschaft an der Schleswig-holsteinischen Nordseeküste (seit 1668) befindet sich in einem Ortsteil von Tönning, in Katingsiel.

Sehenswert ist die Kachelstube eine Kachelstube mit originalen Delfter Fliesen. Den Eiergrog nach dem Rezept der blonden Kathrein (Cathrine Andresen) sollte man mal probiert haben. Kathrein lebt inzwischen nicht mehr, sie führte die Wirtschaft über 60 Jahre bis in die 1970er Jahre. Danach wurde die Wirtschaft von Ihrem Sohn Wilhelm Andresen geführt, der auch Opa Eiergrog genannt wurde. Seit 2013 wird die Wirtschaft von Kathreins Enkel Volker geführt.

So finden sie die damit verbunden Orte:

List auf Sylt erreicht man entweder mit der Auto-
fähre ab Römö (Dänemark) oder mit der Bahn
nach Westerland und von dort mit Bus, Taxi oder
Fahrrad.

Vom Tönninger Marktplatz bis nach Katingsiel sind
es etwa 10 km. Mit dem Fahrrad kann man über
ruhige Feldwege immer an Deich entlangfahren.

Von Katingsiel ist es dann nicht mehr weit bis zum
Eidersperrwerk, sofern mal nach dem Genuss von
Eiergrog noch dazu in der Lage ist, Fahrrad zu fah-
ren.

3 Mo ●

Weltfahrradtag

4 Di

Deutsche Aktionstage Nachhaltigkeit

5 Mi

Welttag der Umwelt

6 Do

Sehbehindertentag

Fr **7**

Welttag des Waschbären

Sa **8**

Tag des Meeres

Pfingstsonntag So **9**

Nero begeht Selbstmord (68)

Notizen

10 Mo Pfingstmontag

Deutscher Mühlentag

11 Di

* Jacques-Yves Cousteau (1910)

12 Mi

Welttag gegen Kinderarbeit

13 Do

Heinrich Hoffmann Stuwwelpeter (1809)

Fr **14**

Weltblutspendetag

Sa **15**

Global Wind Day

So **16**

Premiere der Rocky Horror Show (1973)

Notizen

17 Mo ○

Welttag für die Bekämpfung der Wüstenbildung
und der Dürre

18 Di

Autistic Pride Day

19 Mi

Geburt des Comic-Katers Garfield (1978)

20 Do Fronleichnam

Weltflüchtlingstag

Juni

Sommeranfang Fr **21**

Tag des Schlafes

Sa **22**

Internationaler Motorrad Tag

So **23**

Tag des öffentlichen Dienstes

Notizen

24 Mo Johannistag

Hannibal besiegt die Römer (217 v. Chr.)

25 Di

Tag des Seefahrers

26 Mi

Anti-Drogen-Tag

27 Do Siebenschläfertag

Weltdufttag

Fr **28**

Christopher Street Day

Sa **29**

* Antoine de Saint-Exupéry (1900)

So **30**

Internationaler Asteroiden Tag

Notizen

Juli

Maler

Jürgen (Yurian) Ovens wurde 1623 in Tönning geboren. Er lernte zunächste beim Tönninger Maler Lorens de Keister und ging im Alter von etwa 20 Jahren nach Amsterdam, wo er in der Werkstatt Rembrands weiterlernte.

Zehn Jahre später kehrte er nach Schleswig-Holstein zurück und ließ sich in Friedrichstadt nieder, wo er 1678 starb und in der Christophoruskirche beerdigt wurde.

Ovens Gemälde befinden sich in der Tönninger Kirche, im Schleswiger Dom, im Museum Schloss Gottorf, und in anderen Museen in Schwden, Dänemark und den Niederlanden.

Marten van Achten lebte um 1600 in Tönning, war auch Hofmaler des Herzogs von Gottorf. Gemälde von ihm finden sich in den Kirchen von Garding und Oldenswort.

Govert van Achten, von dem man nicht genau weiß, ob er ein Bruder Sohn Martens von Achten war, konnte offensichtlich – wie viele andere heute berühmte Maler – von seiner Kunst nicht besonders gut leben, den die meisten Informationen über sein Leben finden sich in der Schriftstücken, die Schuldprozesse dokumentieren. Er starb zwischen 1616 und 1618 in Tönning. Heute findet man seine Gemälde in den Kirchen von Schwabstedt und Katharinenheerd.

Der Maler, Grafiker und Bildhauer Carl Blohm wurde 1886 in Tönning geboren, verließ Tönning aber relativ jung. Seine Werke sind hauptsächlich

68

in Hamburger Museen und im Detlefsen-Museum Glückstadt zu finden.

Die Malerin und Grafikerin Urte Westphal-Kolb kam 1945 von Ostpreußen nach Eiderstedt. 1995 öffnete sie ihre Atelier-Galerie „Auf Norwegen" in der Johann-Adolf-Straße in Tönning.

Neben ihr leben heute viele weitere Künstler in Tönning und Umgebung, die ihre Ateliers gern für Besucher öffnen. Zweimal im Jahr gibt des darüber hinaus den „Tag des offenen Ateliers".

Juli

1 Mo

Internationaler Witze-Tag

2 Di ●

13 Uhr: die Hälfte des Jahres ist um

3 Mi

* John Brinckmann, plattdeutscher Schriftsteller

4 Do

Christian III. wird zum dänischen König gewählt

Fr **5**

Klonschaf Dolly wird geboren

Sa **6**

Internationaler Tag des Kusses

So **7**

Der erste Duden erscheint 1880

Notizen

8 Mo

Letzter Flug eines Space Shuttles 2011

9 Di

Erstes Tennisturnier von Wimbledon 1877

10 Mi

† Knut IV. der Heilige (1086) in Odense

11 Do

Weltbevölkerungstag

Fr 12

Glückstag: Namenstag von Felix

Sa 13

USA: Umarme-dein-Geek-Sein-Tag

So 14

Billy the Kid wird erschossen (1881)

Notizen

15 Mo

Dänemark gewährt der Hanse Recht auf freien Handel (1435)

16 Di ⭕

Weltschlangentag

17 Mi

World Day for International Justice

18 Do

Nelson-Mandela-Tag

Fr **19**

Erste Frauenrechtskoferenz 1848

Sa **20**

Weltraumforschungstag

So **21**

Gedenktag für verstorbene Drogenabhängige

Notizen

22 Mo

Tag der Hängematte

23 Di

Namenstag von Birgit

24 Mi

Tag der Freude

25 Do

Schlacht bei Idstedt (1850)

Fr **26**

Esperanto-Tag

Sa **27**

Geburt des Tausend D-Mark Scheins (1964)

So **28**

Tag der Seenotretter

Notizen

August

Lotsen und Australienlinie

Hinrich Braren wurde 1751auf Föhr geboren. Bereits im Alter von 12 Jahren nahm sein Vater, ein Walfang-Kommandeur den Jungen mit auf Reisen nach Grönland.

1786 unterstützte er eine dänische Expedition zur Erforschung der Ostküste Grönlands. Danach ließ er sich zunächst als privater Navigationslehrer auf Föhr nieder.

Zu dieser Zeit gab es kam deutsche Navigationsliteratur, was ihn dazu 1800 bewog, das *System der praktischen Steuermannskunde* schreiben. 1807 folgte dann *System der praktischen Schifferkunde* sowie 1820 ein *Besteckbuch* zur Ortsbestimmung von Schiffen.

Er erhielt 1796 eine Konzession zur Errichtung eine staatliche Navigationsschule, die er 1799 nach Tönning verlegt wurde. Bemerkenswert war, dass er an einer staatlichen Schule auf Deutsch unterrichten durfte, obwohl Föhr und Tönning damals zu Dänemark gehörten.

Zwei seiner Töchter heirateten 1806 und 1810 in die Hamburger Reederfamilie Sloman ein.

Da die Abgänger von Brarens Schule sehr gut ausgebildet waren, stellte die Sloman Reederei sie gern ein.

Ein Mitglied Sloman-Familie kam wegen eines Konkurenzverbotes von Hamburg nach Tönning und gründete die *Tönning-Australien-Linie GmbH*, die zwischen 1905 und 1907 Frachten zwischen

Tönning und Australien (Melbourne und Sydney) transportierte.

So finden sie die damit verbunden Orte:

Das Lagerhaus der Tönning – Australien – Linie ist der sogenannte „Rote Schuppen" an der Eider, in dem sich heute die Boote des Kanu-Vereins und des Tönninger Yachtclubs befinden. An der Ostseite des Gebäudes befindet sich eine kleine Hinweistafel.

Die ehemalige Navigationsschule ist das Skipperhus am Hafen, heute ein dänisches Landschulheim.

Das Wohnhaus von Brarens befindet sich am Torfhafen. Das ist der Hafenteil in der Verlängerung der Schleusenstraße.

Außerdem ist in Tönning eine Straße nach Braren benannt – die Brarensstraße.

August

29 Mo

Hochzeit von Charles und Lady Di

30 Di

Internationaler Tag der Freundschaft

31 Mi

Die Silberflotte sinkt in einem Hurrikan (1715)

1 Do ●

Der Räuber Hotzenplotz wird veröffentlicht.

Fr **2**

Internationaler Tag des Bieres

Sa **3**

Kolumbus startet seine erste Entdeckungsreise

So **4**

† Hinrich Brarens (1826)

Notizen

August

5 Mo

Bertha Benz entführt das Auto ihres Mannes

6 Di

Gedenktag Atombombenabwurf auf Hiroshima

7 Mi

„Whiskey-Rebellion" (1794)

8 Do

Weltkatzentag

August

Fr **9**

Internationaler Tag der indigenen Völker

Sa **10**

† Friedrich III. von Schleswig-Holstein-Gottorf

So **11**

totale Sonnenfinsternis in Mitteleuropa (1999)

Notizen

August

12 Mo

Weltjugendtag

---

13 Di

Weltlinkshändertag

---

14 Mi

Nationaler Navajo-Codesprecher-Tag

---

15 Do ⭕ Mariä Himmelfahrt

Welttag des Panamakanals

Fr **16**

Geburtstag der Humboldt-Universität zu Berlin

Sa **17**

* Tobias Furneaux (1735)

So **18**

Peermarkt Tönning

Notizen

19 Mo

Welttag der humanitären Hilfe

20 Di

Welt Pferdetag

21 Mi

Hochzeit von Zar Peter III

22 Do

Tag der Fische

Fr **23**

Tag zur Erinnerung an den Sklavenhandel

Sa **24**

Erfindung der Kartoffelchips (1853)

So **25**

WeltTofuTag

Notizen

26 Mo

Ausbruch des Vulkans Krakatau (1883)

27 Di

* Anna von Brandenburg (1487), Stammmutter
des dänischen Königshauses

28 Mi

Geburtstag der Musik Kassette (1963)

29 Do

Internationaler Tag gegen Nuklearversuche

 Fr **30**

Internationaler Tag der Verschwundenen

Sa **31**

Angela Merkel: Wir schaffen das (2015)

Meteorologischer Herbstanfang So **1**

Antikriegstag

Notizen

September

Kirche und Organisten

Die erste Tönninger Kirche wurde um 1186 erbaut, Teile davon sind noch an der Nordwand sichtbar.

Auffällig ist der hohe Turm mit Uhren an allen vier Seiten, die auch auf große Entfernung noch lesbar sind. Der Kirchturm ist mit seinen 62 m nach dem Turm des Schleswiger Doms der zweithöchste Kirchturm im ehemaligen Herzogtum Schleswig.

Bis in die 60er und 70er Jahre stellten die Tönninger und die Einwohner des Umlandes ihre Uhren nach der Kirchturmuhr und richteten sich nach ihren Stundenschlägen. Leider geht die Uhr heute nicht mehr so genau.

Bei der Belagerung Tönnings 1700 wurde der Turm stark beschädigt, die Reparatur wurde 1706 abgeschlossen, eine Jahreszahl am Turm erinnert noch daran.

Johann Friedrich Alberti wurde 1642 in Tönning geboren und wurde nach seiner Ausbildung in Leipzig und Dresden Domorganist im Merseburger Dom.

Ernst-Erich Stender wurde 1944 in Tönning geboren und studierte in Lübeck. Er war Organist der Lübecker Marienkirche, Kirchenmusikdirektor der Nordelbischen Kirche und Professor an der Musikhochschule Lübeck.

Zwanzig Jahre nach Ernst-Erich Stender wurde Thomas Dahl 1964 in Tönning geboren. Er ist heute erster Kirchenmusiker an der St. Petri Kirche in Hamburg.

90

September

Ingo Schulz ist zwar 1962 in Husum geboren, hat aber Kindheit und Jugend in Tönning verbracht. Heute ist er Organist in der Ölbergkirche in Berlin-Kreuzberg. Er lehrt Orgel an der der Universität der Künste Berlin.

Auch der heutige Tönninger Kirchenorganist und Chorleiter Christian Hoffman ist ein Meister seines Fachs. Hören Sie ihm oder seinen Chören doch einfach einmal zu!

September

2 Mo

Horror der Lateinschüler: Cicero hält die erste Philippische Rede (44 v. Chr.)

3 Di

Skyscraper Day (Wolkenkratzertag)

4 Mi

Welttag für sexuelle Gesundheit

5 Do

Kopfschmerztag

Fr **6**

Geburtstag der Flensburger Brauerei (1888)

Sa **7**

Eröffnung des Elbtunnels (1911)

So **8**

Tag der deutschen Sprache

Notizen

September

9 Mo

Tag des alkoholgeschädigten Kindes

10 Di

Welt-Suizid-Präventionstag

11 Mi

Tag der Wohnungslosen

12 Do

Geburtstag der Bonanza-Ranch (1959)

Fr **13**

Welt-Sepsis-Tag

⬤ Sa **14**

Tag der Tropenwälder

So **15**

Internationaler Tag der Demokratie

Notizen

September

16 Mo

Tag für die Erhaltung der Ozonschicht

17 Di

Tag der Patientensicherheit

18 Mi

Erstes Foro mit Erde und Mond (Voyager 1977)

19 Do

Sprich-Wie-Ein-Pirat-Tag

Packhaus unter Denkmalschutz gestellt Fr **20**

Deutscher Weltkindertag

Sa **21**

Tag des Friedhofs

So **22**

Autofreier Tag „In die Stadt – ohne mein Auto"

Notizen

September

23 Mo Herbstanfang

Entdeckung von Neptun (1846)

24 Di

Tag der Raumfahrt

25 Mi

Tag der Zahngesundheit

26 Do

Weltschifffahrtstag

September

Fr **27**

Tag des Deutschen Butterbrotes

● Sa **28**

Welt-Tollwut-Tag

So **29**

Tag er Gehörlosen

Notizen

Oktober

Stenbocks Pudel

Graf Magnus Gustafsson Stenbock war in der Zeit des großen nordischen Krieges (1700 - 1721) ein bekannter schwedischer Feldherr.

Er war zunächst recht erfolgreich, doch bei Tönning verließ ihn das Glück. Der Kommandant der Tönninger Festung, Zacharias Wolf, ließ Stenbock sehr zum Ärger der Dänen in die Festung hinein. Über 10.000 Menschen hielten sich zur Zeit der zweiten Belagerung Tönnings in der Festung auf, Essen und Wasser wurden knapp.

Der Sage nach wollte Stenbock die Belagerer mit einem Zauber besiegen. Er gab einem jungen Soldaten den Auftrag, dem ersten Soldaten, den er nach Sonnenuntergang traf, das Herz herauszuschneiden zu Stenbock zu bringen. Mit einem Zauber wollte der Feldherr aus den Herz Hunderte von gleichartigen Soldaten machen, die die Festungsmauer verteidigen sollten.

Der erste Mensch, der dem jungen Soldaten bei seinem Auftrag begegnete, war sein eigener Bruder. Da er ihn nicht töten wollte, schnappte sich der Soldat einen herumstreunenden schwarzen Pudel, schnitt ihn das Herz heraus und brachte ihn zu Stenbock.

Der freute sich und sah sich schon als Sieger. Am nächsten Morgen patrollierten beim Hellwerden Hunderte schwarzer Pudel auf der Festungsmauer.

Der Rest der Geschichte ist wieder historisch überliefert: 16. Mai 1713 kapitulierte das schwedische

Heer. Auf Hoyerswort überreichte Stenbock seinen Degen an den schwedischen König.

Die Garnison der Festung Tönning unter Zacharias Wolf gab allerdings noch nicht auf. Erst am 7. Februar 1714 kapitulierte Wolf.

So finden sie die mit der Belagerung verbunden Orte:

In der Nordseite der Kirchenmauer befindet sich eine Kanonenkugel. Sie bleib beim Beschuss der Stadt während der Belagerung in der Mauer stecken.

Von der Festung ist nichts mehr erhalten.

Das Herrenhaus Hoyerswort ist für Besucher geöffnet. Es befindet sich an der Landesstraße, die von Kotzenbüll nach Oldenswort führt.

Oktober

30 Mo

Internationaler Übersetzertag

1 Di

Tag des Kaffees

2 Mi

Internationaler Tag der Gewaltlosigkeit

3 Do Tag der deutschen Einheit

Fr **4**

Welttierschutztag

Sa **5**

Tag der Seifenblasen

So **6**

Tag der Gewaltfreien Kommunikation

Notizen

Oktober

7 Mo

Welttag für menschenwürdige Arbeit

8 Di

Präsentation des Dauerwellen-Machers (1906)

9 Mi

Weltposttag

10 Do

Welthundetag

Oktober

Fr 11

Internationaler Tag des Eies

Sa 12

Welthospiztag

⭕ So 13

Tag der Katastrophenvorbeugung

Notizen

Oktober

14 Mo

Welttag der Standards (ISO)

15 Di

Internationaler Hände-Waschtag

16 Mi

Welttag des Brotes

17 Do

Tag für die Beseitigung der Armut

Oktober

Eröffnung Eider-Kanal (1784) Fr **18**

Europäischer Tag gegen Menschenhandel

Sa **19**

Gründung der DLRG in Leipzig (1913)

So **20**

Weltstatistiktag

Notizen

Oktober

21 Mo

Trafalgar Day

22 Di

Welttag des Stotterns

23 Mi

Fertigstellung des Deckgewölbes in der Tönninger Kirche (1704)

24 Do

Tag der Bibliotheken

Oktober

Fr **25**

Weltnudeltag

Sa **26**

Intersex Awareness Day

Ende der Sommerzeit So **27**

Welttag des audiovisuellen Erbes

Notizen

Oktober

28 Mo ●

Welt-Poliotag

29 Di

Welt-Schlaganfalltag

30 Mi Frieden von Wien (1864)

Tönning kommt von Dänemark zu Preußen

31 Do Reformationstag

Welttag der Städte

November

Allerheiligen Fr **1**

Weltvegantag

Allerseelen Sa **2**

Das Auto wird patentiert (Carl Benz, 1886)

So **3**

Weltmännertag

Notizen

November
Gottorfer Riesenglobus und späte Beerdigung

Indirekt ist Tönning auch mit dem Gottorfer Riesenglobus, der heute in St. Petersburg steht, verbunden.

Friedrich III. von Schleswig-Holstein-Gottorf war ein Förderer von Kunst und Kultur. Er beschäftigte Yurian Ovens als Hofmaler, ließ Schleswig-Holsteins durch Johannes Mejer kartieren und gab den begehbaren Riesenglobus in Auftrag. Bei einem Besuch im Schloss Gottorf in Schleswig fand der russische Zar Peter der Große fünfzig Jahre nach Fertigstellung des Globus so großen Gefallen daran, dass er ihn nach St. Petersburg mitnahm. Es ist nicht genau überliefert, ob es sich um ein Geschenk der Gottorfer war, oder ob es sich doch eher um Kriegsbeute handelte.

Friedrich erlebte den Umzug des Globus nicht mehr. Tönning hatte ihm kein Glück gebracht. Bei einer der zahlreichen Belagerungen Tönnings in den Nordischen Kriegen, diesmal im zweiten Nordischen Krieg 1659 starb er in Tönning.

Da er – wie die meisten Herzöge – im Schleswiger Dom beigesetzt werden sollten, zog es sich mit der Bestattung etwas hin: Man kam erst nach dem Frieden von Kopenhagen aus Tönning heraus. Friedrich wurde in einem dreifachen Sarg im Untergeschoss des Schlosses gelagert. Dreizehn Monate nach seinem Tod wurde der Sarg Ende September 1660 nach Husum gebracht, wo er wiederum einige Monate bleiben musste. Erst am 29. Januar 1661 startete der Trauerzug nach Schleswig, wo die Beisetzung zwei Tage später stattfand.

Sein Karl Peter Ulrich von Schleswig-Holstein-Gottorf wurde später als Peter III russischer Zar. Er war der Ehemann von Katharina der Großen.

So finden sie die mit dieser Geschichte verbunden Orte:

Den Ort, an dem sich das Schloss befand, kennen Sie ja bereits. Von Tönning bis zum Schleswiger Dom ist es etwa eine Autostunde oder eine Stunde Bahnfahrt mit anschließender Busfahrt durch Schleswig.

Im Landesmuseum Schloss Gottorf befindet sich heute eine Nachbildung des Globus.

Bis St. Petersburg ist es etwas weiter …

November

4 Mo

Stapellauf der Selandia, das erste hochsee-
tüchtige Schiff mit Dieselmotor (1911)

5 Di

Ende des Hansekontors in Nowgorod (1494)

6 Mi

8:0 in der Champions League (2007)

7 Do

Welttag für Kinder krebskranker Eltern

Fr **8**

World Town Planning Day

Sa **9**

Tag der Erfinder

So **10**

Welttag der Wissenschaft

Notizen

November

11 Mo

Karnevalsbeginn (11:11 Uhr)

12 Di ⭘

Geburtstag des Chloroform (1847)

13 Mi

Weltnettigkeitstag

14 Do

Weltqualitätstag

Fr **15**

Vorlesetag

Sa **16**

Internationaler Tag für Toleranz

So **17**

Weltstudententag

Notizen

November

18 Mo

Geburt der Rohrpost (1865)

19 Di

Welttoilettentag

20 Mi Buß- und Bettag

Weltkindertag

21 Do

Welttag der Philosophie

Fr **22**

Tag der Hausmusik

Sa **23**

Stapellauf des Teaclippers Cutty Sark (1869)

So **24**

† Freddy Mercury (1991)

Notizen

November

25 Mo

Internationaler Tag gegen Gewalt an Frauen

26 Di

Welttag der Zeitschriften

27 Mi

Geburtstag des Streichholzes (1826)

28 Do

8. Tropfen im Pechtropfenexperiement (2000)

Fr **29**

Erster Überflug des Südpols (1929)

Sa **30**

Erstes Fußballländerspiel der Welt (1872)

1. Advent So **1**

Welt-AIDS-Tag

Notizen

Dezember

Packhaus und Eiderkanal

Der längste Adventskalender der Welt – unter diesem Namen kennen viele das Tönninger Packhaus.

In der Adventszeit wird das Packhaus geschmückt, und ist dann mit seinen mit seinen 77,5 m Länge der längste Adventskalender der Welt.

Gebaut wurde das Packhaus zu Zeiten des Eiderkanals. Der Eiderkanal war quasi der Vorläufer des Nordostseekanals. Er wurde 1784 eröffnet und verband bis 1890 die Kieler Förde mit der Eider bei Rendsburg. Beim Bau des Nordostseekanals wurden Teile des Eiderkanals in ihn integriert.

Das Tönninger Packhaus wurde 1783 gebaut, und hat eine Lagerfläche von ca. 4000 Quadratmeter. Am 20. September 1965 wurde es unter Denkmalschutz gestellt.

Heute befindet sich in einem Teil des Packhauses die Ausstellung der Gesellschaft für Tönninger Stadtgeschichte e.V.. Der Rest des Gebäudes wird regelmäßig für Veranstaltungen genutzt, z.B. Ostereiermarkt, Mondscheinkino und diverse anderen Märkte.

Dezember

Dezember

2 Mo

Internationaler Tag der Modelleisenbahn

3 Di

Internationaler Tag der Menschen mit Behinderung

4 Mi Barbaratag

Mary Celeste taucht als Geisterschiff auf (1872)

5 Do

Weltbodentag

Dezember

Nikolaustag Fr **6**

Geburtstag der Encyclopædia Britannica (1768)

Sa **7**

Tag der Internationalen Zivilluftfahrt

2. Advent So **8**

John Lennon wurde erschossen (1980)

Notizen

9 Mo

Welt-Anti-Korruptions-Tag

10 Di

Tag der Überreichung der Nobelpreise

11 Mi

Welttag der Berge

12 Do ⭕

Erste Funkbrücke über den Atlantik (1901)

Dezember

Fr **13**

Luciafest in Nordeuropa

Sa **14**

* Nostradamus (1503)

3.Advent So **15**

Sitting Bull wurde erschossen (1890)

Notizen

Dezember

16 Mo

Boston Tea Party (1773)

17 Di

Erste Folge der Simpsons (1989)

18 Mi

Internationaler Tag der Migranten

19 Do

Dickens Weihnachtsgeschichte erscheint (1843)

Fr **20**

Internationaler Tag der menschlichen
Solidarität

Sa **21**

Welt-Orgasmus-Tag

Winteranfang 4. Advent So **22**

Wiedereröffnung Brandenburger Tor (1989)

Notizen

Dezember

23 Mo

Ein lebendes Fossil wird entdeckt (1938)

24 Di Heiligabend

Entdeckung der Weihnachtsinsel (1777)

25 Mi 1. Weihnachtsfeiertag

Beginn der kürzesten Regierungszeit eines englischen Königs (Sven Gabelbart, 1013)

26 Do ● 2. Weihnachtsfeiertag

Start der Ralley Paris – Dakar (1978)

Fr **27**

Lehrlinge dürfen ab 1951 nicht mehr vom
Lehrherrn geschlagen werden

Sa **28**

Gründung der ersten Knappschaft (1260)

So **29**

Erzbischof von Canterbury ermordet (1170)

Notizen

30 Mo

Beginn der Schneekastatrophe 1978

31 Di Silvester

Amsterdam verbeitet das Werfen von Schneebällen (1472)

1 Mi Neujahr

2 Do